AF214430

Ich komme nach Leipzig,
an einen Ort, wo man die ganze
Welt im Kleinen sehen kann.

Gotthold Ephraim Lessing
(1729 – 1781)

Lesemännchen am modernen Häuserkomplex Prager Straße, früher Sitz des Leipziger Kommissions- und Großbuchhandels

Literarischer Stadtrundgang durch LEIPZIG

mit Hagen Kunze

Trotz gewissenhafter Bearbeitung kann eine Haftung für den Inhalt nicht übernommen werden. Für aktuelle Ergänzungen und Anregungen ist der Verlag jederzeit dankbar. Wir bedanken uns bei allen, die uns unterstützt haben.

Impressum

© 2021 BuchVerlag Leipzig GmbH
Gerichtsweg 28, 04103 Leipzig
Tel.: 0341 / 493574-0, Fax: 0341 / 493574-40
buchverlag-leipzig@vggh.de
www.buchverlag-leipzig.de

Alle Rechte vorbehalten. Nachdruck, Vervielfältigung und Verbreitung – auch von Teilen – bedürfen der ausdrücklichen Genehmigung des Verlages. Das gilt insbesondere für Übersetzungen, Mikroverfilmungen und die Einspeicherung und Verbreitung in elektronischen Systemen. Kein Teil dieses Buches darf in irgendeiner Weise zum Zweck des Trainings von Technologien oder Systemen der künstlichen Intelligenz verwendet oder reproduziert werden. In Übereinstimmung mit Artikel 4 (3) der Richtlinie über den digitalen Binnenmarkt 2019/790 wird dieses Werk ausdrücklich von der Ausnahme für Text- und Data-Mining ausgenommen.

Bildnachweis: Seite 128
Gestaltung und Satz: Uta Wolf, Quedlinburg
Druck: Druckhaus Gera
Bindearbeiten: Müller Buchbinderei Gerichshain
Printed in Germany

2. Auflage 2026
ISBN 978-3-89798-628-2

Inhalt

Stationen Großer literarischer Stadtspaziergang

1. Thomaskirchhof
2. „Großer Hirschkopf"
3. „Drei Rosen"
4. Leipziger Volkszeitung
5. Wohnhaus Lene Voigt
6. Verlagshaus Baedeker
7. Brockhaus-Zentrum
8. Erich Kästner Pension
9. „Unschuldsbund"
10. Rotes Kolleg
11. Großes Fürstenkolleg
12. Alte Nikolaischule
13. „Zum Goldenen Bären"
14. Augusteum
15. Café français (Kaffeehaus Felsche)

16 Fürstenhaus / „Große Feuerkugel"
17 Auerbachs Keller
18 Kaffee Königshaus
19 Romanushaus
20 Adler-Apotheke
21 Altes Theater
22 Fichtes Wohnung
23 Café Merkur
24 Deutsches Literaturinstitut

Stationen
Kleiner literarischer Stadtspaziergang

10 Rotes Kolleg
11 Großes Fürstenkolleg
12 Alte Nikolaischule
13 „Zum Goldenen Bären"
14 Augusteum
15 Café Français (Kaffeehaus Felsche)
16 Fürstenhaus / „Große Feuerkugel"
17 Auerbachs Keller
18 Kaffee Königshaus
19 Romanushaus
20 Adler-Apotheke
21 Altes Theater
22 Fichtes Wohnung
23 Café Merkur
24 Deutsches Literaturinstitut

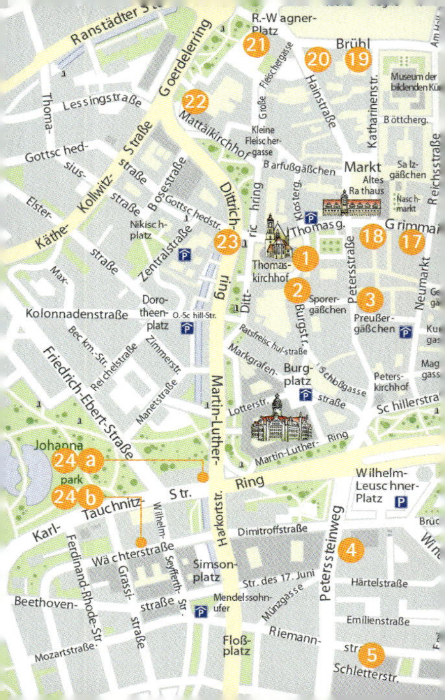

Ranstädter St
R.-Wagner-Platz
Brühl
Museum der bildenden Kü
Goerdelerring
Thoma-
Lessingstraße
Große Fleischergasse
Hainstraße
Katharinenstr.
Böttcherg.
Mattäikirchhof
Kleine Fleischer-gasse
Reichsstraße
Gottsched-sius-straße
Käthe-Kollwitz-Straße
Barfußgäßchen
Markt
Altes Rathaus
Salzgäßchen
Naschmarkt
Elster-straße
Bosestraße
Gottschedstr.
Dittrich-ring
Klosterg.
Thomasg.
Grimmai
Nikischplatz
Zentralstraße
Thomaskirchhof
Neumarkt
Max-
Dorotheenplatz
O.-Schill-Str.
Ditt-
Sporergäßchen
Petersstraße
Kolonnadenstraße
Preußergäßchen
Beckm.-Str.
Reichelstraße
Zimmerstr.
Ratsfreischul-straße
Burgstr.
Markgrafen-
Burgplatz
Schloßgasse
Petersstraße
Peters-kirchhof
Friedrich-Ebert-Straße
Manetstraße
Martin-Luther-Ring
Lotterstr.
Schillerstra
Johanna park
Wilhelm-Leuschner-Platz
Karl-Tauchnitz-Str.
Ring
Harkortstr.
Wilhelm-Seyfferth-Str.
Dimitroffstraße
Petersteinweg
Ferdinand-Rhode-Str.
Wächterstraße
Grassi-straße
Simsonplatz
Str. des 17. Juni
Härtelstraße
Beethoven-
Mendelssohn-ufer
Münzgasse
Emilienstraße
Riemann-str.
Mozartstraße
Floßplatz
Schletterstr.

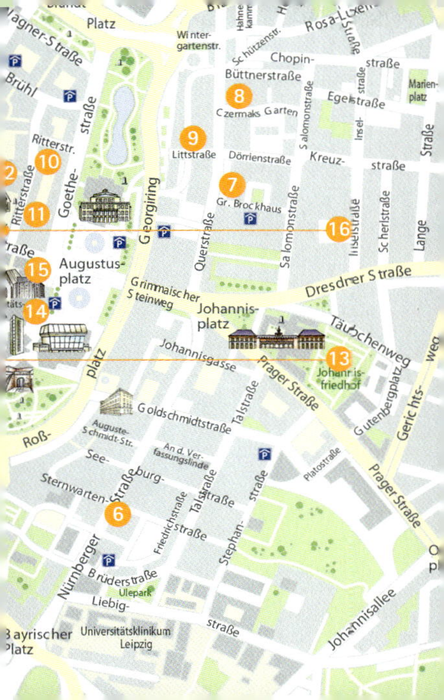

Platz
Wagner-Straße
Brühl
Winter-gartenstr.
Schützenstr.
Rosa-Luxemburg-Straße
Chopin-straße
Büttnerstraße
Marien-platz
Egelstraße
Czermaks Garten
Salomonstraße
Inselstraße
Straße
Ritterstr.
Goethe-straße
Littstraße
Dörrienstraße
Kreuz-straße
Georgiring
Gr. Brockhaus
Querstraße
Ritterstraße
Iliselstraße
Scherlstraße
Lange
Augustus-platz
Salomonstraße
Dresdner Straße
Grimmaischer Steinweg
Johannis-platz
Täubchenweg
Johannisgasse
Prager Straße
Johannisfriedhof
Gerichtsweg
Gutenbergplatz
Goldschmidtstraße
Auguste-Schmidt-Str.
Talstraße
Roß-platz
See-burg-straße
An d. Verfassungslinde
Platostraße
Sternwarten-Straße
Talstraße
Stephan-straße
Prager Straße
Friedrichstraße
Nürnberger
Brüderstraße
Ulepark
Liebig-straße
Johannisallee
Bayrischer Platz
Universitätsklinikum Leipzig

Literaturstadt Leipzig

Messestadt, Universitätsstadt, Musikstadt, Buchstadt, Heldenstadt: Die einwohnerreichste Stadt Sachsens kennt viele Titel, die jeweils einen Teil ihrer reichen Tradition in den Fokus rücken. Aber Literaturstadt? Diese Zuschreibung ist seltener zu finden. Manch einer könnte sie gar für ein Synonym der Buch- oder Verlagsstadt halten. Doch Leipzig ist eben mehr als nur jener Ort, an dem Bücher von technisch versierten Verlegern gedruckt und von findigen Kaufleuten in alle Welt verkauft werden.
Leipzig ist seit 1409 Heimstatt einer der ältesten deutschen Universitäten.

Leipziger Buchmesse

In deren Umfeld ringen seit mehr als sechs Jahrhunderten Wissenschaftler damit, ihr Wissen auf Papier und zwischen Buchdeckel zu bringen. Spätestens im 18. Jahrhundert tritt die Literatur aus den Gelehrtenstuben heraus: In rauchgeschwängerten Kaffeehäusern, sinnenfrohen Bürgersalons und weitläufigen Parks finden Dichter und Romanciers Inspiration.

Nicht zuletzt ist Leipzig aber auch einer der wenigen Orte, wo man die Schriftstellerei akademisch lernen kann – am Literaturinstitut, das ganze Generationen erfolgreicher Autoren hervorgebracht hat. Die Ahnenreihe beginnt bereits im Gründungsjahr 1955 mit Erich Loest, der vier Jahrzehnte später in seinem Roman „Nikolaikirche" das berühmte Bonmot der Friedlichen Revolution von 1989 formuliert: „*Wir waren auf alles vorbereitet, nur nicht auf Kerzen und Gebete*".

Man kann kaum durch Leipzig laufen, ohne auf Schritt und Tritt über Zeugnisse der Literaturgeschichte zu stolpern. Denn anders als in den großen europäischen Metropolen liegen in der traditionsbewussten sächsischen Großstadt die kulturgeschichtlich bedeutenden Orte eng beieinander, viele von ihnen finden sich im vergleichsweise kleinen Stadtzentrum.

Allerdings benötigt der Besucher viel Phantasie. Denn oft sind die historischen Ansichten der Gedenkstätten nicht erhalten. Leipzig ist ständig in Bewegung. Stets wird Neues erschaffen, künden prächtige Bauwerke von Anspruch und Größe. Ein unscheinbares Häuschen zu erhalten, weil dort ein später großer Literat als Student lebte, kommt den Stadtvätern jahrhundertelang nicht in den Sinn.

An anderen Stellen reißt der Zweite Weltkrieg tiefe Wunden: Das im 19. Jahrhundert angelegte Graphische Viertel ist lange das wichtigste Druck- und Verlagszentrum des deutschsprachigen Raums. Zwei Bombennächte vom 4. Dezember 1943 und 27. Februar 1945 legen dort insgesamt 70 Prozent der Bausubstanz in Schutt und Asche. So mancher Traditionsverlag

Einstiges Buchgewerbehaus am Gutenbergplatz – heute Wohnort

wie etwa Baedeker verlässt nach 1945 Leipzig in Richtung Westdeutschland. Andere, die geblieben sind, überleben die Zeitenwende nach 1989 nicht oder erleiden ein langanhaltendes Sterben – zuletzt 2009 mit Brockhaus jener Verlag, der einst den Grundstein des Graphischen Viertels gelegt hatte.

Obgleich heute in jenem Viertel kaum noch Verlage agieren oder Druckmaschinen rotieren, ist dessen Flair auch im 21. Jahrhundert zu spüren. Bei einem literarischen Rundgang darf es darum keineswegs fehlen. Denn erst hier bekommt der Besucher einen Eindruck von der Bedeutung der Literaturstadt.

Nur zwei Dutzend von eigentlich über 80 literaturhistorischen Stätten werden in diesem Buch vorgestellt. Hinter dieser zweifellos subjektiven Auswahl steht vor allem der Wunsch, die gewählten Orte im eng begrenzten Raum zwischen Innenstadt und angrenzenden Vierteln zu einem nachvollziehbaren Rundgang zu verbinden: Der in diesem Buch beschriebene große literarische Stadtspaziergang ist knapp acht Kilometer lang. In zwei Stunden lässt sich die Route gemütlich zu Fuß erkunden.

Für eilige Zeitgenossen lässt sich dieser Rundgang wie auf Seite 9 beschrieben auf vier Kilometer und gut 60 Minuten ausschließlich in der Innenstadt verkürzen – das lohnenswerte Graphische Viertel bleibt dann jedoch ausgespart.

1

Alles auf Anfang:

Alte Thomasschule / Thomaskirche

(Thomaskirchhof)

Wo lässt sich ein Rundgang besser starten als hier, wo vor über 800 Jahren im Frühjahr 1212 alles beginnt? Weil Leipzig dank der günstigen Lage an der Kreuzung zweier bedeutender mittelalterlicher Straßen zum größten Handelsplatz weit und breit aufgestiegen ist und der daraus erwachsene freisinnige Bürgergeist dem sächsischen Markgrafen Dietrich suspekt scheint, soll am Anfang des 13. Jahrhunderts die Stiftung eines Klosters für die nötige Kontrolle sorgen.

Einer der ersten, der hier Quartier nimmt, ist ein regelrechter Star-Literat. 33 Lieder sind aus der Feder von **Heinrich von Morungen** überliefert. Jahrelang war der Minnesänger auf den Spuren der Kreuzfahrer durch Europa gezogen, als junger Mann hat er gar aus dem heute türkischen Edessa Reliquien des Jüngers Thomas besorgt. In die Jahre gekommen, erbittet der Mittelalter-Barde von Markgraf Dietrich, seinem letzten Dienstherrn, den Ruhestand. Frisch pensioniert lässt er sich im neuen Leipziger Kloster nieder, dem er sowohl seine üppige Rente als auch die kostbaren Überreste des Heiligen spendet, weshalb das Stift fortan **Thomaskloster** heißt.

Thomaskirchhof mit Thomasschule

um 1850

Die **Thomana**, wie die Trias aus Schule, Kirche und Chor zusammenfassend genannt wird, ist eine der tragenden Säulen der Musikstadt Leipzig. Doch auch für die Literaturgeschichte ist sie bedeutend. Verengt man die Literaturstadt auf die Buch- und Verlagsgeschichte, dann dürfte man die Erzählung erst im 16. Jahrhundert beginnen – aber ebenfalls an diesem Ort.

In jener Zeit sorgt die Reformation in Leipzig für einen Verlagsboom. Einer, der davon profitiert, ist Kantor an der **Thomaskirche** – bis heute eines der wichtigsten musikalischen Ämter überhaupt. Doch **Georg Rhau** ist mehr als nur Musiker. 1519 protokolliert er als Schriftführer die Leipziger

Disputation, bei der sich Martin Luther verteidigen muss. Der Thomaskantor freundet sich dabei mit dem Reformator an und verlässt kurz darauf Leipzig, das wie das ganze albertinische Sachsen noch 20 Jahre lang katholisch bleibt. In Wittenberg startet er eine neue Karriere als Buchdrucker und Verleger, während in seiner alten Heimat zur gleichen Zeit ein Kollege, der in einer Denkschrift evangelische Gottesdienste in deutscher Sprache fordert, hingerichtet wird.

Nach Einführung der Reformation im Jahr 1539 sind in zwei Schulen die Aufgaben klar verteilt: Die Nikolaischule hat den Ruf der Gelehrtenschule: Dort lernt, wer akademische Karriere machen will. Die **Thomasschule** hingegen wird zur Musikschule, die musisch begabte Jungen anzieht. Und wie es mit künstlerischen Begabungen oft ist, beschränken die sich oft nicht nur auf ein Gebiet: 1623 wird der 14-jährige **Paul Fleming** aus Hartenstein im Erzgebirge an der Bildungsstätte aufgenommen und singt einige Jahre lang im damals schon berühmten Thomanerchor. In seinem nur 30 Jahre währenden Leben wird Fleming aber bald aus ganz anderen Gründen bekannt – als einer der bedeutendsten Dichter des deutschen Barock.

Fleming studiert an der Universität zwar Medizin, doch die wichtigste Ehrung erhält er 1631, als er zum „Poeta laureatus" erhoben und mit dem Lorbeerkranz gekrönt wird. Die Pestepidemie lässt ihn zwei Jahre später aus der Messestadt fliehen. Authentische Stätten seines Wirkens gibt es heute nicht mehr: Die alte Thomasschule wird 1902 abgerissen. Seit einigen Jahren aber erinnert zumindest eine Gedenktafel an der Buchhandlung in der Grimmaischen Straße 10 an den Barockdichter.

2

Ort der Aufklärung:
„Großer Hirschkopf“
(Burgstraße 9)

Nur wenige Schritte sind es vom Thomaskirchhof in die Burgstraße – auf diesem Weg schreitet am 27. Juni 1519 jene Prozession, die Luther und seine Mitstreiter zum Streitgespräch in die Pleißenburg führen. **Friedrich Gottlieb Klopstock** wird diesen Weg auch oft gehen, schließlich schreibt er sich 1746 von Jena kommend in Leipzig für ein Theologiestudium ein. Sein Quartier bezieht er im **„Großen Hirschkopf"** in der Burgstraße 9 auf halbem Weg zwischen Pleißenburg und Thomaskirche.

Die Messestadt ist in jenen Jahren ein Hort der deutschsprachigen Aufklärer. Zu ihnen gehört Klopstocks Cousin Johann Christoph Schmidt, der nicht nur den Lebensunterhalt des 22-Jährigen bestreitet, sondern ihn auch mit dem Literatenkreis der „Bremer Beiträger" rund um Christian Fürchtegott Gellert bekannt macht.

Diese Freundschaft inspiriert Klopstock zu seinen „Messias"-Gesängen, in denen er mutige aufklärerische Ideen vom göttlichen Ursprung der Liebe entwickelt. Ein kreativer Schub erwächst auch aus der unerfüllten Liebe zur Cousine Maria Sophia, genannt Fanny, der er eine leidenschaftliche Ode widmet.

Friedrich Gottlieb Klopstock, um 1779

In Leipzig bleibt Klopstock nur zwei Jahre, bevor er eine Hauslehrerstelle in Bad Langensalza antritt. Auf dem Grundstück des „Großen Hirschkopf", in dem Klopstock einst Pension nahm, entsteht im 20. Jahrhundert das Filmtheater „Capitol". Zu Beginn des 21. Jahrhunderts führt die Adresse Burgstraße 9 lange Zeit zur Leipziger Dependance eines auf preiswerte akademische Literatur spezialisierten Großbuchhändlers – was den Dichter der Aufklärung zweifellos gefreut hätte.

3

Kein Liebesglück für Jean Paul:

„Drei Rosen"

(Petersstraße 27)

Durch das Sporergäßchen gelangen wir auf die heute äußerst belebte Petersstraße. Unter der Nummer 27 ist dort im 18. Jahrhundert der Gasthof **„Zu den drei Rosen"** zu finden, in dem im Mai 1781 ein Student aus dem fränkischen Wunsiedel Quartier bezieht. Johann Paul Friedrich Richter heißt der junge Mann, der sich für Theologie einschreibt. Bekannt wird er aber unter einem anderen Namen ...

Mehr als die Aussicht auf ein zukünftiges Pfarramt interessiert den 18-Jährigen die moderne französische Literatur. Um Voltaire und Rosseau besser zu verstehen, lernt er deren Sprache und französiert seinen Namen – zu **Jean Paul**, unter dem er später in ganz Deutschland berühmt wird.

Von den Vorbildern inspiriert, veröffentlicht er schon frühzeitig eigene Satiren, deren Erfolg zunächst ausbleibt. So richtig Wurzeln schlagen kann Jean Paul in Leipzig nicht: Eine 1783 eingegangene Verlobung wird nach kurzer Zeit wieder gelöst. Da er keine Anstellung als Privatlehrer findet, gibt Jean Paul als 21-Jähriger sein Studium in der teuren Messestadt wieder auf und zieht zur Mutter nach Hof. 13 Jahre später ist Jean Paul ein bekannter Schriftsteller. Zwischen

November 1797 und Mai 1798 lebt er erneut einige Zeit in Leipzig: In Hohmanns Hof (Petersstraße 15) bezieht er eine Wohnung unweit seines einstigen Studentenzimmers. Abermals verlobt er sich, doch als auch diese Verbindung gelöst wird, verlässt Jean Paul schließlich Leipzig für immer. Sowohl das Gasthaus als auch die Wohnung aus dem späten 18. Jahrhundert sind nicht mehr erhalten. Allerdings wurde am ehemaligen Karstadt-Kaufhaus (heute NEO) in der Petersstraße 31-35 eine Gedenktafel für den fränkischen Schriftsteller angebracht.

4

Vom Redakteur zum Romancier:

Leipziger Volkszeitung

(Peterssteinweg 21)

Ein kurzer Fußmarsch führt durch die Petersstraße und über den Wilhelm-Leuschner-Platz. Zweifellos ist die **Stadtbibliothek** am Südende dieses Platzes ein wunderbarer Ort, um in Leipziger Literatur zu stöbern. Doch wir sind auf dem Weg in die Südvorstadt zum Haus der sächsischen Mundartdichterin Lene Voigt und lassen den majestätischen Prachtbau links liegen. Zuvor aber zeigt sich schon nach wenigen Metern ebenfalls auf der linken Seite des Peterssteinwegs das in den 1990er-Jahren neu gestaltete Areal der **Leipziger Volkszeitung**, der einzigen noch verbliebenen Tageszeitung der an Zeitungen einstmals so reichen Stadt.

Wenngleich das traditionsreiche sozialdemokratische Blatt ab 1894 zunächst in zwei Kilometer Entfernung im Graphischen Viertel geschrieben wird – das Grundstück am Peterssteinweg gehört bis 1945 den konservativen „Leipziger Neuesten Nachrichten" – so ist doch auch dies ein Literaturort, und zahlreiche einstige LVZ-Redakteure sind heute als Schriftsteller bekannt.

Den Anfang macht **Franz Mehring**, der 1866 als 20-Jähriger nach Leipzig

Franz Mehring (1846–1916)

kommt und hier zum Historiker der Sozialdemokratie wird, ehe er 1902 die Chefredaktion der Tageszeitung übernimmt. Nach dem Zweiten Weltkrieg arbeitet der Kommunist **Bruno Apitz** als Redakteur am Peterssteinweg. 1958 landet er mit „Nackt unter Wölfen", der literarischen Verarbeitung seiner eigenen Haftzeit im Konzentrationslager Buchenwald, seinen größten Erfolg. Und wer weiß: Vielleicht feilt ja hinter den Mauern bereits der nächste Autor von Weltrang aktuell noch an Zeitungsreportagen, während im Schreibtisch schon das Manuskript des Leipzig-Romans der Gegenwart schlummert.

5

Glückliche Jahre:

Wohnhaus Lene Voigt

(Schletterstraße 18)

Direkt neben der neogotischen Peterskirche steht unscheinbar jenes Haus, in dem von 1914 bis 1918 eine außergewöhnliche Dichterin lebt. Zu dieser Zeit arbeitet die 1891 geborene **Lene Voigt** zwar noch beim namhaften Inselverlag, doch ab 1908 veröffentlicht sie immer häufiger humorvolle Gedichte und freie Versionen klassischer Balladen, die die sächsische Seele offenlegen: *„Was Sachsen sin von echtem Schlaach / die sin nich dod zu griechn / Drifft die ooch Gummer Daach fier Daach / ihr froher Mut wärd siechen".*

Ein Rezensent der „Leipziger Neuesten Nachrichten" schreibt damals, er werde ihr eine Arztrechnung schicken, weil er sich fast totgelacht hätte.

Gleich beide deutsche Diktaturen spielen ihr übel mit. Die Nationalsozialisten werfen ihr „Verschandelung der Klassiker" vor, ab 1936 darf sie nicht mehr publizieren. Nach 1945 ist Lene Voigt dann den Kommunisten suspekt: Sie glauben, in den sächsischen Balladen Satiren auf Walter Ulbricht zu erkennen.

Die Jahre in der Schletterstraße 18 sind möglicherweise die letzten glücklichen der Autorin: Die Scheidung 1920 und der Tod ihres Sohnes stürzen sie in schwere Krisen. Das psychiatrische Krankenhaus Dösen im Leipziger Süden,

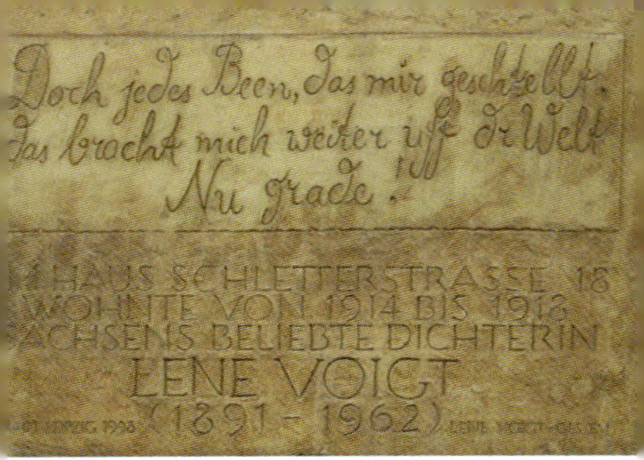

Lene Voigt-Gedenktafel an ihrem ehemaligen Wohnhaus

in das sie eingewiesen wird, verlässt Lene Voigt auch nach Gesundung nicht mehr: Sie arbeitet als Botin und schreibt zur Therapie tiefsinnige Texte. Als sie 1962 stirbt, scheint sie komplett vergessen zu sein. Erst in den 1980ern wird sie von Kabarettisten wiederentdeckt.

6

Spezialist für gehobenes Reisen:

Verlagshaus Baedeker

(Nürnberger Str. 43b/46)

Am Evangelischen Schulzentrum vorbei führt der Weg über den Bayrischen Platz hinweg in die Nürnberger Straße. Es fällt angesichts der breiten Straßenflucht mit ihren DDR-Neubauten schwer, sich vorzustellen, dass im Gründungsboom der 1870er-Jahre hier in der Nähe des Bayerischen Bahnhofs eine Reihe namhafter Verlage ihren Sitz nehmen, da das Graphische Viertel mit den Traditionsverlagen zu dieser Zeit bereits aus allen Nähten platzt.

Auch **Fritz Baedeker**, der 1844 in Koblenz geborene jüngste Sohn des

Reisebuch-Verlegers Karl Baedeker, überlegt nicht lange, als er ein günstiges Angebot für ein Grundstück erhält und übersiedelt 1872 in die aufstrebende Großstadt. Hier erweitert er die rote Baedeker-Reihe erfolgreich um exotische Reiseziele. Als Autoren für seine ambitionierten Reiseführer, die knappe Sprache mit genauem Kartenmaterial verbinden, gewinnt er führende Wissenschaftler der Leipziger Universität. Diese verleiht ihm, sicher auch als Dank, im Jahr 1909 die Ehrendoktorwürde.

Verlagssitz ist zunächst die Nürnberger Straße 43b auf der rechten Straßenseite kurz vor der Einmündung der Sternwartenstraße. Nach wenigen

Jahren wird 200 Meter weiter in Richtung Bayrischer Platz ein prachtvoller Neubau (Nürnberger Straße 46) eingeweiht. Beide Gebäude werden beim verheerenden Bombenangriff im Dezember 1943 zerstört. Kurzfristig zieht der Verlag danach in die private Villa Baedeker im Bachstraßenviertel. Doch schon 1948 übersiedeln Fritz Baedekers Erben in die britische Besatzungszone und ziehen so einen Schlussstrich unter ein Dreivierteljahrhundert Leipziger Verlagsgeschichte.

Grabmal der Familie Baedeker auf dem Leipziger Südfriedhof

FAMILIE BAEDEKER
MARTHA BAEDEKER
GEB. ENGELMANN
* 19.10.1879 ✝ 22.2.1947
HANS BAEDEKER
* 29.7.1874 ✝ 4.3.1959

7

Weltwissen in 30 Bänden:

Brockhaus-Zentrum

(Querstraße 8/18)

Der Fußweg führt nun schnurstracks die Nürnberger Straße entlang. Er kreuzt die Goldschmidtstraße mit dem renovierten Wohnhaus des Gewandhauskapellmeisters Felix Mendelssohn Bartholdy. Für Musikinteressenten ist dies ein lohnender Zwischenstopp, doch unser Ziel liegt jenseits des Johannisplatzes in der Querstraße 8. Hier legt in den 1840er-Jahren der Verlag **F. A. Brockhaus** mit dem Kauf eines Gartenareals den Grundstein für das Graphische Viertel, in dem unzählige Verlage ihren Sitz haben.

Vor dem Umzug hat der Verlag, in dem neben der namhaften Enzyklopädie auch die Literaturzeitschrift Urania und die liberalen „Deutschen Blätter" erscheinen, seinen Sitz im Roten Kollegium in der Ritterstraße. Dorthin übersiedelt Friedrich Arnold Brockhaus im Jahr 1817 aus dem ihm zu klein gewordenen Altenburg. Seine Liebe zu Leipzig ist zu dieser Zeit aber schon älter: 1793 besucht Brockhaus als Gasthörer die hiesige Universität, ehe er in Amsterdam eine Verlags- und Sortimentsbuchhandlung gründet. Als mutiger Jungunternehmer kauft Brockhaus 1808 auf der Leipziger Messe dem einheimischen Verleger Gotthelf Löbel die Rechte an dessen Conversationslexikon ab – Beginn der späteren Brockhaus Enzyklopädie, die in Amsterdam, Altenburg und später in Leipzig in schneller Folge erweitert wird.

Im Revolutionsjahr 1848 wird der neue Verlagssitz eingeweiht. Im Laufe der folgenden Jahrzehnte zieht man noch einige Male um, bleibt aber stets dem Viertel treu. 1885 bezieht der Verlag ein repräsentatives Gebäude in der Querstraße 18. Dort entsteht mehr als 100 Jahre später das neue Brockhaus-Zentrum, in dem bis zur Schließung des Verlags im Jahr 2009 die Lexikonredaktion ihren Sitz hat. Eine Büste im Innenhof erinnert an den Gründer, der das Weltwissen in einer Enzyklopädie von zuletzt 30 Bänden vereinte.

Gedenkbüste für Friedrich Arnold Brockhaus

8

Chronist der Zwanziger:

Erich Kästners Pension

(Czermaks Garten 7)

Ein Abstecher führt zu Czermaks Garten 7. In den 1920er-Jahren befindet sich hier eine Pension, in der **Erich Kästner** drei Jahre logiert. Das Haus seiner vorigen Adresse, Senefelder Straße 3, ebenfalls im Leipziger Osten, steht nicht mehr, dafür jedoch das Haus in der Hohen Straße 51, wo er bis zum Abschied 1927 aus Leipzig wohnt.

Den 1899 geborenen Schriftsteller hält es lange an der Pleiße: Im Herbst 1919 schreibt er sich für Germanistik, Geschichte und Philosophie an der Universität ein – wegen seines ausgezeichneten Abiturs überweist ihm seine Heimatstadt Dresden monatlich ein Stipendium. Weil die Inflation die Unterstützung wertlos macht, hat er Nebenjobs bei der Messe und in Redaktionen. In scharfsinnigen Reportagen berichtet Kästner vom vielschichtigen Kultur- und Nachtleben der Großstadt, nebenbei arbeitet er an seiner Promotion. Weniger Glück hat er in Liebesdingen: Die Beziehung zu seiner Dresdner Freundin, die er – weil er sie nicht in die Pension mitbringen darf – nur auf dem Hauptbahnhof trifft, kriselt, 1926 trennt sich das Paar. Ein Jahr später lernt der Schriftsteller die 19-jährige Leipzigerin Luiselotte Enderle kennen. Durch ihre berufliche

Versetzung nach Berlin trifft sie Jahre später Kästner wieder und wird 40 Jahre lang seine Lebensgefährtin und wichtigste Mitarbeiterin.

Bis heute kennt die Literaturgeschichte den großen Kinderfreund vor allem als Dresdner, Berliner oder Münchener Schriftsteller. Anfang des 21. Jahrhunderts sorgt jedoch ein Film dafür, dass auch Kästners Wahlheimat Leipzig zumindest indirekt mit einem seiner bekanntesten Werke verbunden wird: In seiner Neuverfilmung verlegt der Regisseur Tomy Wiegand den Klassiker „Das fliegende Klassenzimmer" kurzerhand ins Internat des Leipziger Thomanerchores.

Erich Kästner, 1961

9

Ein „sächsisches Mädchen":

Louise Otto-Peters' „Unschuldsbund"

(Schützenstraße 4)

Letzte Station im Graphischen Viertel ist das Haus Schützenstraße 4, in dem Louise Otto-Peters zwischen 1865 und 1868 den **„Unschuldsbund"**, einen Kreis politisch engagierter Frauen, versammelt. Zu dieser Zeit ist die leidenschaftliche Frauenrechtlerin aber bereits seit mehr als 20 Jahren für die Gleichberechtigung aktiv.

Schon in ihrer Frühzeit führt ihr Weg regelmäßig aus ihrer Geburtsstadt Meißen nach Leipzig. 1844 knüpft sie als 25-Jährige den Kontakt zu Robert

Blum, der Zentralfigur des Vormärz in Sachsen. In seiner Zeitschrift „Vaterlandsblätter" räumt der spätere Revolutionär der von ihm als „mein sächsisches Mädchen" bezeichneten Louise Otto viel Platz für eigene Texte ein, in denen sie vehement *„die Teilnahme der weiblichen Welt am Staatswesen"* fordert. So gerät neben Blum bald auch die junge Frau ins Visier der Zensur, die deren Roman „Schloß und Fabrik" zu verhindern sucht.

Die Revolution 1848/49 stellt auch in Louise Ottos Leben entscheidende Weichen: Sie verlobt sich mit dem Meißner

S. 56/57: Auguste Schmidt und Louise Otto-Peters (links), 1871

Schriftsteller August Peters und gründet eine in Leipzig verlegte Frauenzeitschrift. Erst zehn Jahre später heiraten Otto und Peters, danach zieht das Paar endgültig von der Elbe an die Pleiße. In ihrer neuen Wahlheimat organisiert Louise Otto-Peters, wie sie sich jetzt nennt, die erste deutsche Frauenkonferenz und gründet mit Auguste Schmidt den „Allgemeinen Deutschen Frauenverein". 1900, fünf Jahre nach ihrem Tod, errichtet ihr die Stadt ein Denkmal auf dem Johannisfriedhof, das nach Eröffnung des Grassimuseums ins Rosental versetzt wird.

10

Wie man die Zensur umgeht:

Rotes Kolleg

(Ritterstraße 16–22)

Ein knapper Fußweg führt über den Ring und durch den Schwanenteichpark hinter der Oper in die Innenstadt. Seit Jahrhunderten steht hier im Karree zwischen Goethestraße und Ritterstraße ein umfangreicher Gebäudekomplex, das **Rote Kolleg**. Seinen Namen erhält es wegen seines Farbanstriches im Jahr 1646 – jenem Jahr, in dem im Gebäude **Gottfried Wilhelm Leibniz**, dessen Vater hier Rechtsprofessor ist, das Licht der Welt erblickt. Gebaut wird es am Anfang des 16. Jahrhunderts als drittes Kolleg der Universität, weil die beiden eigentlichen Kollegs zu klein geworden sind. Nach den Bombenschäden des Zweiten Weltkrieges wird ein Teil des Ensembles abgerissen, das Gebäude an der Ritterstraße aber wird restauriert und bleibt erhalten. Im 20. Jahrhundert ist es Heimstatt des Instituts für Philosophie, heute beherbergt es das Institut für Theaterwissenschaft und die Universitätsverwaltung.

Eine ganze Reihe namhafter philosophischer Literaten lernen oder lehren hier im Laufe der Jahrhunderte. 1949 hält der damals 64-jährige **Ernst Bloch** seine Antrittsvorlesung als Institutsleiter. Zunächst hofiert der sozialistische Staat den heimgekehrten Exilanten. Als Bloch aber 1956 seinen Freund Georg

Lukács verteidigt, der als Reformsozialist im Zentrum des Ungarn-Aufstandes steht, wird er kaltgestellt und erhält Hausverbot. Kurz vor dem Mauerbau übersiedelt der 76-Jährige nach Tübingen.

Sechs Jahre später immatrikuliert sich der 1944 geborene **Christoph Hein** für ein Philosophiestudium am Roten Kolleg. Obwohl er 1968 in Leipzig Plakate gegen den Einmarsch in der Tschechoslowakei klebt, hat er Glück und bleibt unentdeckt, weshalb er sein Studium 1971 beenden kann.

In Heins literarischem Werk spielt Leipzig eine herausragende Rolle: „Tangospieler", die Geschichte eines Kabarettkünstlers, der wegen kritischer Texte ins

Gefängnis geht, zeigt die Messestadt zur Zeit des Prager Frühlings. „Horns Ende" über das Schicksal eines Historikers erscheint 1985 von der Staatsmacht ungewollt in Kleinauflage, weil ein findiger Drucker das Buch in den Umschlag von Karl Mays „Der Geist des Llano Estacado" steckt. Ein Jahr später lässt der Verleger den Roman komplett ohne Genehmigung drucken – eines der wenigen Werke der DDR-Zeit, das an der Zensur vorbei in die Läden gelangt.

Das Rote Kolleg heute

P

11

Ein beliebter Hypochonder:

Großes Fürstenkolleg

(Ritterstraße 8–10)

So funktioniert Protest im Spätmittelalter: Im Herbst 1409 kommt es an der Prager Karls-Universität zu Auseinandersetzungen zwischen den unterschiedlichen Nationalitäten. Mehr als tausend deutsche Lehrer und Studenten verlassen die böhmische Hauptstadt und lassen sich in Leipzig nieder, wo sie am 2. Dezember mit der Wahl des Rektors eine neue Universität gründen.

Zunächst aber fehlen der Bildungsstätte geeignete Räume: Die Einweihung geht im Thomaskloster über die Bühne, wo zudem die ersten Lehrveranstaltungen stattfinden. Doch die Landesherren unterstützen die Gründung: Die Meißner Markgrafen Friedrich und Wilhelm spenden neben den Bezügen für die Lehrer auch zwei Grundstücke mitsamt den darauf stehenden Gebäuden. Im Andenken an die Stifter werden das Große Kolleg und das Kleine Kolleg darum Fürstenkollegien genannt.

Bis heute gehört das Areal des **Großen Kolleg** in der Ritterstraße 8 bis 10 zu den repräsentativen Gebäudeensembles der Universität. Im 18. Jahrhundert beherbergt es die Hörsäle der Medizinischen und der Philosophischen Fakultät. Dort schreibt sich 1734 der 19-jährige **Christian Fürchtegott Gellert** aus Hainichen für ein Studium ein. Elf Jahre später habilitiert er sich und wird 1751 zum Professor für Philosophie ernannt. Gellerts Vorlesungen sind beliebt, seine literaturgeschichtlichen Vorlesungen besucht auch der junge Goethe. Schade nur, dass der berühmte Hochschullehrer zur Hypochondrie neigt: Ganz im Geist der Empfindsamkeit beobachtet er seine körperlichen Regungen gewissenhaft und beschreibt detailliert jede Krankheit. Kein Wunder, dass Gellert bereits mit 54 Jahren stirbt. Sein Begräbnis auf dem Johannisfriedhof ist ein überregionales Ereignis: Dem Sarg folgen tausende Trauernde.

Das Große Fürstenkolleg heute

12

Auf Schusters Rappen unterwegs:

Alte Nikolaischule

(Nikolaikirchhof)

Wer diese Schule besucht, dem stehen Tür und Tor für höhere akademische Weihen offen. So ergeht es auch **Johann Gottfried Seume**, der 1779 mit 16 Jahren von der Bornaer Lateinschule zur Leipziger **Nikolaischule** delegiert wird. Da Seume aus einfachen Verhältnissen stammt, nimmt ihn Nikolairektor Georg Heinrich Martini unter seine Fittiche und bietet dem begabten Jungen freie Kost und Logis.

Die Begegnung mit Goethes „Die Leiden des jungen Werthers" entfesseln das Interesse an Literatur: Ein Jahr später immatrikuliert sich Seume zwar für Theologie, ist vor allem aber Stammgast in den Theatern der Stadt. *„Die Theaterneigung bemächtigte sich bald meiner bis zur Epidemie"* wird der Reiseschriftsteller später schreiben. Gerade erst 18-jährig zieht es ihn erstmals in die weite Welt. Eigentlich will er nach Paris, doch in Hessen gerät er an Militärwerber, die ihn nach England verkaufen. Als Söldner wird Seume nach Kanada geschickt und steht der fremden Welt staunend gegenüber. Doch es zieht ihn wieder in die Heimat: Ab 1787 lebt er erneut in Leipzig, wo er nun Jura, Philologie, Philosophie und Geschichte studiert. Mit 29 Jahren habilitiert sich Seume, arbeitet danach als

Diplomat in Polen und kehrt 1795 an die Pleiße zurück. Als Lektor im Verlag von Georg Joachim Göschen betreut er unter anderem die Ausgaben von Klopstocks Messias-Oden. 1801 treibt es ihn erneut in die Welt. Von Grimma aus wandert er nach Sizilien. Zurückgekehrt veröffentlicht er seinen „Spaziergang nach Syrakus". Es wird der erste von mehreren kulturgeschichtlich bedeutsamen Reiseberichten (es folgen noch Wanderungen nach Skandinavien und Russland), die am Ende des Jahrhunderts dann Pate für die Baedeker-Reiseführer stehen werden.

Alte Nikolaischule: heute Gasthaus und Museum

ALTE NIKOLAISCHULE
GASTHAUS
ANTIKENMUSEUM
CAFE

13

Der älteste Musikverlag der Welt:

„Zum Goldenen Bären"

(Universitätsstraße 11)

Über die Grimmaische Straße führt der Weg durch die Universitätsstraße bis zur Ecke Schillerstraße. Wo heute die „Mensa am Park" steht, wartet im 17. Jahrhundert auf dem Sperlingsberg der Wirt des **„Goldenen Bären"** auf Kundschaft. Das Geschäft aber scheint nicht so recht zu laufen, denn der Gasthof steht 1732 zum Verkauf.

Bernhard Christoph Breitkopf, der bereits 1719 mit der Heirat in die Druckerfamilie Müller zum Besitzer einer heruntergewirtschafteten Druckerei in der Nähe dieser Stelle geworden ist und das Unternehmen danach vor dem Bankrott gerettet hat, greift zu: Er will das Gasthaus zum Sitz eines auf Wissenschaftliches und Schöngeistiges spezialisierten Verlages machen. Schon bald druckt man das berühmte von Bach vertonte Schemelli-Gesangbuch – Grundlage für den ältesten Musikverlag der Welt.

Breitkopfs Sohn Johann Gottlob Immanuel revolutioniert nach 1754 mit beweglichen und teilbaren Lettern den Notendruck. Diese Idee öffnet die Tür für die Massenproduktion. Was den innovativen Geschäftsmann gleich dazu veranlasst, das nächste große Ding auf den Weg zu bringen: den Klavierauszug. Der bietet zusätzlich zu den jeweiligen Gesangsstimmen nur noch den auf ein zweizeiliges System reduzierten Instrumentalpart – ideal für Interessenten, die neue Werke kennenlernen wollen.

1794 schließt ein weiterer Breitkopf einen Sozietätsvertrag mit Gottfried Christoph Härtel, der Verlag firmiert seitdem als Breitkopf & Härtel. Eine weise Entscheidung: Denn der dritte Breitkopf bleibt kinderlos, während Härtel Ahnherr einer Großfamilie wird, deren Mitglieder das Haus bis 2017 leiten. Härtels verlegerische Entscheidungen sind der Grundstock für den außergewöhnlichen Erfolg und machen den Verlag im 19. Jahrhundert zur ersten Adresse in Sachen Musikalien.

Bernhard Christoph Breitkopf, 1777

14

Legendäre Professoren:

Augusteum

(Augustusplatz)

Es lohnt sich, für die Passage zum Neuen Augusteum nicht den direkten Weg vor der Moritzbastei zu nehmen, sondern ein paar zusätzliche Schritte durch den Park hinter dem berühmtem Studentenclub zu gehen. Hier öffnet sich der Blick auf den Roßplatz jenseits des Promenadenrings. Heute zeigt sich der freizügige Platz in seiner nach dem Zweiten Weltkrieg veränderten Gestalt. Doch vor über hundert Jahren stand hier inmitten enger Bebauung die berühmte Künstlerpension des Hotel Haufe, in der im Jahr 1910

Rainer Maria Rilke zu Gast ist, um mit seinem Verleger über den Roman „Die Aufzeichnungen des Malte Laurits Brigge" zu verhandeln.

Wir bleiben diesseits des Rings und gehen auf den Augustusplatz – Kulminationspunkt der jüngeren Leipziger Geschichte, die von der Sprengung der Universitätskirche bis zur Friedlichen Revolution reicht. SED-Chef Walter Ulbricht selbst soll bei der Wiedereröffnung des Opernhauses das Schicksal der historischen Universitätsgebäude besiegelt haben. Denn nicht nur das Gotteshaus fällt im Mai 1968 den Umgestaltungsplänen zum Opfer, auch das historische **Augusteum** muss einem pragmatischen Betonbau weichen.

Hier lehrt zwischen 1948 und 1963 **Hans Mayer** im Hörsaal 40. Wenn er liest, bleibt kaum ein Platz frei. **Uwe Johnson, Christa Wolf, Erich Loest, Ralph Giordano** und **Ingeborg Bachmann** sind nur fünf von unzähligen namhaften Schülern des legendären Germanisten. Eine enge Freundschaft verbindet Mayer zudem mit dem Philosophen Ernst Bloch. Wie dieser setzt er sich 1956 für die ungarischen Reformsozialisten ein und bricht den Kontakt zu Loest auch dann nicht ab, als dieser in Bautzen inhaftiert wird. 1963, während der Professor gerade auf Vortragsreise in Westdeutschland ist, wird in Leipzig ein Haftbefehl gegen ihn erlassen. Der von Freunden rechtzeitig gewarnte Mayer bleibt im Westen und folgt Bloch nach Tübingen.

Fast 40 Jahre nach der Friedlichen Revolution ist der von Ulbricht erträumte realsozialistische Musterplatz mit seinen nüchternen Betonbauten längst Geschichte: Seit einigen Jahren erhebt sich ein neuer Universitäts-Campus in die Höhe. Herzstück ist das vom niederländischen Architekten Erick van Egeraat entworfene Paulinum, das zugleich Aula der Universität und Universitätskirche sein soll.

Es erinnert optisch an die gesprengte **Paulinerkirche**. Einst befand sich

S. 80/81: Die Aula im ehemaligen Augusteum, 1890

hier das Grab eines berühmten Literatur-Professors: **Johann Christoph Gottsched** lehrt bereits mit 30 Jahren Poesie und wird vier Jahre später zum ordentlichen Professor berufen. Die Tatsache, dass das Leipzig des 18. Jahrhunderts recht beengt war, zeigt sich schon daran, dass Gottsched eine Wohnung im Haus des Verlegers Bernhard Christoph Breitkopf im „Goldenen Bären" mietet. In Leipzig nimmt sich der Gelehrte des Theaters an. Dessen Umbildung nach antiken Vorbildern ist ihm Herzensangelegenheit, und dafür findet er in der sächsischen Theater-Reformerin **Caroline Neuber** seine wichtigste Verbündete.

15

Kaffeehaus-Kultur:

Café français / Kaffeehaus Felsche

(Ecke Augustusplatz / Grimmaische Straße)

Nach dieser vereinten Bildungsoffensive wird es Zeit für einen Kaffee: Die Liebe der Leipziger zu ihren Kaffeehäusern ist legendär und hat eine lange Geschichte. Im 16. Jahrhundert berichten Weltreisende auf der Messe von einem wunderbaren Getränk, das sie im Orient hätten kosten dürfen – Kaffee. So beschreibt der Mediziner **Leonhard Rauwolf** das Getränk, das er in Aleppo kennenlernt, ausführlich in einem 1582 in Augsburg erschienenen Buch. Er lobt es als gut und betont, dass es dem Magen dienlich sei. Als im 18. Jahrhundert Kaffee billiger wird, setzt er sich als Massengetränk durch. Die Kaffeehäuser werden zu Orten, an denen sich Angehörige aller Schichten treffen, um über politische und soziale Fragen zu diskutieren. 1711 öffnet der „Arabische Coffee Baum". Bald wird dieses Café zum Lieblingsaufenthaltsort von Künstlern und Gelehrten mit Billardtisch, Kanapee, Klavier und Zeitungen.

Am Anfang des 20. Jahrhunderts ist das im Zweiten Weltkrieg zerstörte **Café français** (später in **Kaffeehaus Felsche** umbenannt) an der Ecke Augustusplatz / Grimmaische Straße das beliebteste Literatencafé der Stadt: 1912 sitzt hier

Franz Kafka und verhandelt mit Ernst Rowohlt über ein Buchprojekt. Zuvor beschreibt der Prager das aufstrebende Leipzig mit knappen Worten: *„Spaziergang. Buchgewerbemuseum. Kann mich vor den vielen Büchern nicht halten. Die altertümlichen Straßen dieses Verlagsviertels, trotz gerader Straßen und neuerer, allerdings schmuckloser Häuser."* Wenige Jahre später, während der Hungerzeit im Ersten Weltkrieg, wird das Kaffeehaus Felsche zur vielleicht letzten Bastion des mondänen Leipziger Bürgertums: Innen herrscht Hochbetrieb, aber auf polizeiliche Anweisung muss der Besitzer 1916 Gardinen anbringen, um die Gäste vor allzu hungrigen Blicken von außen zu schützen.

Café français neben der Paulinerkirche

16

Lessing schreibt Theatergeschichte:

Fürstenhaus / „Große Feuerkugel"

(Grimmaische Straße)

Von der Seelenverwandtschaft zwischen Gottsched und der Neuberin war bereits die Rede. Doch es fehlt noch der Dritte im Bunde: der 1729 geborene Aufklärer **Gotthold Ephraim Lessing**, der bereits als 17-Jähriger zum Theologiestudium nach Leipzig kommt. Seine Studentenbude bezieht er im nicht mehr erhaltenen **Fürstenhaus** in der Grimmaischen Straße – zwischen den Einmündungen von Ritter- und Nikolaistraße gelegen. Die Theologie wird für den jungen Mann zur Nebensache, dafür entflammt er für die Welt des Theaters. Schon in seiner Frühzeit lernt er Caroline Neuber kennen, die unter anderem mit französischen Werken das deutsche Schauspiel reformieren will. So übersetzt Lessing ab 1748 für die Theater-Prinzipalin französische Texte. Dafür inszeniert sie sein Erstlingswerk „Der junge Gelehrte". Nach einigen Jahren in seiner Heimatstadt Kamenz kehrt Lessing 1755 nach Leipzig zurück und lebt in der **„Großen Feuerkugel"** – e - nem Gasthaus auf jenem Grundstück

S. 90/91: Hof vom Gasthaus „Große Feuerkugel", wo Goethe und Lessing wohnten

an der Ecke Grimmaische Straße / Neumarkt, auf dem heute der Einkaufspalast des Galeria Kaufhof steht. Nette Querverbindung: Nur ein Jahrzehnt später wird **Goethe** in der gleichen Pension sein Studentenquartier beziehen. Und wie der Dichterfürst prägt auch Lessing ein Bonmot über den Studienort, wenn er schreibt: *„Ich komme nach Leipzig, an einen Ort, wo man die ganze Welt im Kleinen sehen kann."* Für Lessings Schaffen sind die Leipziger Jahre von großer Bedeutung: Die richtungsweisende „Hamburger Dramaturgie" steht nicht nur auf den Schultern der Neuberin, sondern wäre ohne das aufklärerische Klima in der Messestadt auch schlicht undenkbar.

17

Der Dichterfürst und sein Leipzig:

Auerbachs Keller

(Grimmaische Straße 2)

Auch **Johann Wolfgang Goethe** (damals noch ohne Adelstitel) ist sehr jung, als er im Oktober 1765 mit erst 16 Jahren zum Jurastudium nach Leipzig kommt. Angeblich hat der Vater den Studienort wegen der dort vorbildlichen deutschen Sprache gewählt. Das reichhaltige kulturelle Leben in der pulsierenden Stadt begeistert den Studenten: In der Kunstakademie von Adam Friedrich Oeser lernt er zeichnen, zudem sind Reiten und Fechten seine Lieblingsbeschäftigungen. Gern besucht er auch Bier- und Weinlokale.

Bevor wir es ihm gleichtun und in der Mädlerpassage in **Auerbachs Keller** hinabsteigen, lohnt ein Blick auf das Goethedenkmal am gegenüberliegenden Naschmarkt (Coverbild). Hier ist die erste große Liebe des Dichters verewigt – Käthchen Schönkopf, die Tochter eines Gastwirtes. Im Rosental schnitzt der verliebte Student den Namen des Mädchens in eine Baumrinde. Doch als sich Käthchen nach zwei Jahren einem anderen Mann zuwendet, rast Goethe vor Eifersucht und kehrt kurze Zeit später krank nach Frankfurt zurück.

Die häufigen Besuche in Auerbachs Keller regen Goethe später zur Gestaltung der gleichnamigen Szene in

Berühmtes Standbild in der Mädlerpassage: Faust und Mephisto

seinem Faust I an. Darin lässt er den betrunkenen Studenten Frosch jene Worte sprechen, die inzwischen zum vielzitierten Tourismusmotto geworden sind: „*Mein Leipzig lob ich mir! Es ist ein klein Paris und bildet seine Leute.*" Gelegentlich wird behauptet, Goethe könnte dies ironisch gemeint haben. Aber noch Jahrzehnte später äußert sich der Dichter nur positiv über die Messestadt: „*Es wird dir und dem Kind viel Freude machen, Leipzig in dieser schönen Jahreszeit zu sehen. Die Spaziergänge um die Stadt sind so schön, als man sie nur wünschen kann*", schreibt er am 5. Mai 1800, als er in der Messestadt auf Christiane Vulpius wartet.

18

Auf der Suche nach Abenteuern:

Casanova im Königshaus

(Markt 17)

Wir wissen nicht, wer derjenige war, der Käthchen Schönkopf erfolgreicher als Goethe den Kopf verdreht hat. Zumindest der Chronik nach könnte es **Giacomo Casanova** gewesen sein. Denn der kommt just ein Jahr nach Goethe in die Messestadt, um hier eine Krankheit auszukurieren, die er sich in Dresden zugezogen hat. Die Gesundung geht schnell vonstatten, sodass sich der Lebemann schon im Spätsommer 1766 wieder der Suche nach zwischenmenschlichen Abenteuern widmet.

Doch für junge Wirtstöchter interessiert sich der 41-Jährige keineswegs. Vielmehr überliefert er in seinen Memoiren ein Techtelmechtel mit Prinzessin Marie Wilhelmine Josefa Auersperg – der Geliebten des Habsburger Kaisers, die incognito zur Michaelismesse in Leipzig weilt und im gleichen Gasthof wie Casanova, wohl dem **Königshaus** am Markt, logiert.

Was folgt, erinnert frappierend an den „Wildschütz", den Albert Lortzing 76 Jahre später in Leipzig aufführt: Um unerkannt zu bleiben, tarnt sich die Prinzessin als Zofe, während ihre Bedienstete zur Prinzessin erklärt wird. Casanova, der das Spiel durchschaut, bietet der vermeintlichen Zofe 100

Casanova, um 1760

Dukaten für eine Liebesnacht. Es folgt ein köstliches Versteckspiel, dessen Ende hier nicht verraten werden soll. Der kurze Messeaufenthalt bietet aber noch Zeit für eine weitere Affäre: Casanova, ganz Ehrenmann, rettet die Frau eines hoch verschuldeten Apothekers vor der Obdachlosigkeit, indem er ihre gepfändete Habe auslöst und sie mit nach Dresden nimmt.

Das Kapitel „Casanova und Leipzig" hat ein halbes Jahrhundert später dann noch eine überraschende Fortsetzung: Der Neffe des Liebeskünstlers verkauft die Memoiren seines berühmten Onkels 1821 an Friedrich Arnold Brockhaus, der damit als Verleger seinen ersten großen Erfolg landet.

19

Freude, schöner Götterfunken:

Romanushaus

(Katharinenstraße / Ecke Brühl)

Über den Markt gelangen wir bis ans Ende der Katharinenstraße, wo das prachtvoll sanierte **Romanushaus** an mehrere glanzvolle Phasen der Literaturgeschichte erinnert. Bürgermeister Franz Conrad Romanus hat jedoch mit seinem 1704 errichteten Stadtpalais wenig Glück: Neider denunzieren ihn, weshalb auf Befehl Augusts des Starken die städtischen Finanzen genau geprüft werden. Bei der Visitation findet man neben Unmengen gefälschter Schuldscheine auch unterschlagene Gelder aus Rats- und Kirchenkassen.

Romanushaus

Romanus wird verhaftet und bleibt bis zu seinem Tod 41 Jahre lang Staatsgefangener. Mit der Familie aber zeigt sich der Kurfürst gnädiger. Immer wieder greift August in das langwierige Konkursverfahren ein, ehe es 1727 beendet wird und der Besitz auf die Ehefrau übergeht. Die entschuldete Tochter **Christiana Mariana von Ziegler** kann darum einen poetisch-musikalischen Salon einrichten, sich mit Johann Sebastian Bach anfreunden und für ihn mindestens neun Kantatentexte dichten.

Mehr als ein halbes Jahrhundert später ist aus dem Salon der Zieglerin **Richters Kaffeehaus** geworden. Dort kehrt im Frühjahr 1785 **Friedrich Schiller** regelmäßig ein. Freunde haben den finanziell klammen 26-Jährigen an die Pleiße geholt und wollen ihm angenehme Arbeitsbedingungen verschaffen. Auch sein Verleger Göschen ist um das Wohl des Schriftstellers bemüht: Er überlässt Schiller sein vor den Toren Leipzigs in Gohlis gelegenes Gartenhäuschen, das heute als Gedenkstätte für Besucher geöffnet ist. Dort entsteht das „Lied an die Freude", das Beethoven später in seiner 9. Sinfonie vertont. Das Häuschen liegt eine halbe Spazierstunde vom Zentrum entfernt. Der Weg dorthin, den Schiller im für ihn so schaffensreichen Sommer 1785 fast täglich geht, führt durch das idyllische Rosental.

Schillerhäuschen in Gohlis

20

Fontane feiert Shakespeares Strumpf:

Adler-Apotheke

(Hainstraße 9)

Friedrich Schiller und **Theodor Fontane** – das ist beileibe keine Liebesbeziehung. Als der gebürtige Neuruppiner im Frühjahr 1841 eine Stelle als Gehilfe in der Apotheke „Zum Weißen Adler" in der Hainstraße 9 antritt (für den Fußweg vom Romanushaus lohnt sich ein Gang durch die schön gestalteten Innenhöfe), schwelgt das Leipzig des Vormärz gerade im Schiller-Fieber. Theaterdramaturg Robert Blum hat nicht nur einen Schillerverein gegrün-

Die Adler-Apotheke heute

ADLER
APOTHEKE

det, sondern auch Göschens Gartenhaus in Gohlis wiederentdeckt und zur Kultstätte der Schiller-Anhänger erhoben.

Fontane, der schon damals recht locker mit der Feder umgeht, ist vom politisch aufgeladenen Kult genervt, der darin gipfelt, dass Blum Schillers Weste kauft – jene Weste, an der der Dichter seinen Federkiel abwischte und sich die Nase putzte. Im Leipziger Tageblatt veröffentlicht Fontane daraufhin ein Spottgedicht, das die Geschichte von „Shakespeares Strumpf" erzählt. *„Sieg! wir haben jetzt die Strümpfe, / Haben jetzt das heil'ge Paar, / Drinnen er trotz Moor und Sümpfe / Sicher vor Erkältung war. / Unsren Enkeln wird man* *melden: Euer Ahn, dass ihr es wisst, / War auch Einer von den Helden, / Die den Shakespeare-Strumpf geküsst."*

So viel Mut eines 21-Jährigen fällt auf: Der Apothekergehilfe wird in den Intellektuellenzirkel des Herwegh-Club eingeladen, wo er sich mit Georg Günther, einem Schwager und Freund Robert Blums anfreundet. Nach einem Jahr aber endet Fontanes Leipziger Zeit: Zu Ostern 1842 tritt er eine Stelle in einer Dresdner Apotheke an. Spätere Versuche, für seine Romane in Leipzig einen Verleger zu finden, bleiben erfolglos.

21

Wo E.T.A. Hoffmann zum Schriftsteller wird:

Altes Theater

(Richard-Wagner-Platz)

Durch die Hainstraße geht es zum Richard-Wagner-Platz. Lange Zeit stand hier das **Alte Theater**, ab Mai 1813 der Arbeitsplatz von **E.T.A. Hoffmann**. Heute sortiert man Hoffmann in die Literatenszene ein, aber nach Leipzig kommt er zunächst als Theaterkapellmeister. Doch schreiben kann er eben schon immer, bereits 1808 macht er in einer bahnbrechenden Rezension der in Leipzig erscheinenden „Allgemeinen Musikalischen Zeitung" die Welt auf Beethovens Sinfonien aufmerksam.

Die Stadt genießt er trotz der Wirren der Völkerschlacht in vollen Zügen: *„Den ganzen Tag halb im Bette, halb außer demselben existierend, allerlei poetische Allotria getrieben"*, notiert er. Neben dem Theater werden vor allem die Kaffeehäuser zum Aufenthaltsort des schreibenden Kapellmeisters. Frühmorgens bevorzugt er Rum, abends Punsch. Pension bezieht Hoffmann im „Goldnen Herz" in der Fleischergasse.

Mit seinen ab Mai 1814 erscheinenden „Fantasiestücken" wird Hoffmann schlagartig auch als Schriftsteller berühmt. Die größtenteils in Leipzig entstandenen Texte – Erzählungen, pseudobiographische Aufzeichnungen, Mär-

Der Saal des Alten Theaters, um 1850

chen, musikkritische Abhandlungen – vereinen sich zu einem von Esprit, Witz und Phantasie regelrecht strotzenden Werk, das heute als das einflussreichste Buchprojekt der Romantik gilt. Ganz offensichtlich trifft es den Nerv einer Zeit, die ihre Faszination für Traumhaftes und Groteskes, für neuartige Ideen von Kunst und Künstlertum, für naturwissenschaftliche Erkenntnisse, Psychologie und Esoterik in Hoffmanns Texten wiederfindet.

22

Zum Philosophen gereift:

Fichtes Wohnung

(Matthäikirchhof)

Vorbei am neu gestalteten Richard-Wagner-Denkmal und der „Runden Ecke", die in der DDR-Zeit die Bezirksverwaltung der Staatssicherheit beherbergt, geht es auf den **Matthäikirchhof**. Einst stand hier die Neukirche, jenes 1699 wieder eingeweihte Gotteshaus des Barfüßerordens, in dem vor allem im frühen 18. Jahrhundert Studenten für außergewöhnlich moderne Kirchenmusik sorgen.

Diese Zeit liegt aber schon eine Weile zurück, als 1790 **Johann Gottlieb Fichte** hier in einem heute nicht mehr

erhaltenen Gebäude sein Studentenzimmer bezieht. Schon neun Jahre zuvor hat sich der gebürtige Rammenauer für Theologie und Philosophie an der Universität eingeschrieben. Doch über diese ersten Leipziger Jahre, an deren Ende er sein Studium aus finanziellen Gründen abbricht, ist kaum etwas bekannt.

Nun aber sieht es besser aus: Ein reicher Student hat Fichte für ein Jahr als Hauslehrer in Philosophie engagiert, und um den jungen Mann entsprechend unterrichten zu können, muss sich Fichte selbst erst einmal in die

Johann Gottlieb Fichte,
Illustration in der „Gartenlaube" 1862

Materie einarbeiten. Das macht er so umfangreich, dass er im gleichen Jahr noch seinen „Versuch einer Critic aller Offenbarung" schreibt. Weil die Leser das anonym veröffentlichte Traktat für eine Schrift des großen Kant halten, der Irrtum sich aber bald aufklärt, wird Fichte nun auch als Philosoph und Autor bekannt. Im Sommer 1791 verlässt er nach etwas mehr als einem Jahr Leipzig, um in Königsberg Immanuel Kant persönlich zu treffen.

23

Expressionisten unter sich:

Franz Werfel im Café Merkur

(Dittrichring 5)

Vor der Thomaskirche überqueren wir den Ring. Die hier beginnende **Gottschedstraße** lohnt einen Seitensprung: Hier befand sich einst die Privat-Realschule Toller, die der sächsische Satire-Dichter **Joachim Ringelnatz** ab 1896 besucht, nachdem er wegen eines Tattoos vom Gymnasium geflogen ist. Heute ist die Straße mit ihren unzähligen Kneipen eines der Zentren der Leipziger Bohemien-Szene. Wie in alten Zeiten sitzen die Schriftsteller gern bei Rotwein oder Kaffee, greifen ab und zu zum Notizbuch oder hämmern ihre Ideen gleich in die Laptops hinein ... Das (nicht mehr erhaltene) Stammcafé von **Franz Werfel**, der 1912 als Lektor des Verlags von Kurt Wolff nach Leipzig kommt, liegt ebenfalls in diesem Viertel. Es fällt schwer, sich anstelle des gläsernen Bankpalastes mit der Adresse Dittrichring 5 das enge und stets rauchgeschwängerte Café Merkur vorzustellen, in dem der 22-jährige Werfel mit seinen gleichaltrigen Freunden Walter Hasenclever und Kurt Pinthus Nacht für Nacht hitzig über expressionistische Dichtung diskutiert. Der Erste Weltkrieg beendet aber die fruchtbaren Jahre viel zu schnell: 1915 meldet sich Franz Werfel an die Front und verlässt Leipzig.

24

Moralische Instanz:

Deutsches Literaturinstitut

(Karl-Tauchnitz-Straße 8 / Wächterstraße 34)

„Lurgensteins Garten" hieß das Areal um Werfels Stammcafé einst – ein ruhiges Quartier vor den Toren der Stadt mit Blick auf Thomaskirche, Thomasschule, Thomasmühle und Thomaspförtchen. An den traditionellen Namen erinnert heute noch der Lurgensteinsteg entlang des freigelegten Flusses. Es lohnt sich, anstelle am verkehrsreichen Innenstadtring hier in ruhigerer Umgebung weiterzulaufen zur Karl-Tauchnitz-Straße unweit des ehemaligen Reichsgerichts, wo unser Rundgang endet.

Vorbei an der einstigen Musikschule „Ottmar Gerster" und der Villa des Medienunternehmers Kölmel, in dessen Gartenhaus mit **E. A. Seemann Henschel** einer der letzten verbliebenen Leipziger Traditionsverlage seinen Sitz bezogen hat, gelangen wir zur Karl-Tauchnitz-Straße 8. Hier liegen die Wurzeln einer außergewöhnlichen Bildungsstätte – des **Deutschen Literaturinstitutes**, an dem man literarisches Schreiben akademisch lernen kann. Wenngleich das Institut nach der Friedlichen Revolution auch gut

Erich Loest, 1955

300 Meter weitergezogen ist in die Wächterstraße 34, so ist doch seine nun schon fast 70-jährige Geschichte geprägt von zahlreichen namhaften Schriftstellern, die auch in Zukunft Leipzigs Ruf als Literaturstadt erhalten werden.

Der berühmteste unter denen, die einst hier lernten, ist gleich einer der ersten: **Erich Loest**, immatrikuliert im Gründungsjahr 1955 als leidenschaftlicher Verfechter des Sozialismus. Doch schon bald verliert der standhafte Autor seine Begeisterung für Ulbrichts Staat: Kritik an der offiziellen Sicht auf den Volksaufstand vom 17. Juni 1953 bringt ihm ein SED-Parteiverfahren ein. Als er ebenso wie Bloch und Mayer an der Universität den ungarischen Reformsozialismus verteidigt, wird er verhaftet und zu siebeneinhalb Jahren Zuchthaus verurteilt. Nach Jahren als Kriminalschriftsteller, der Auswanderung nach Westdeutschland 1981 und der Rückkehr nach Leipzig 1990 ist Loest bis zu seinem Tod 2013 die wichtigste Stimme und bisweilen auch die unbequeme moralische Instanz der Leipziger Literatur der Gegenwart.

Adressen

1 Thomaskirche
Evang.-Luth. Kirchgemeinde St. Thomas
Leipzig | Thomaskirchhof 18
04109 Leipzig | www.thomaskirche.org

4 Leipziger Volkszeitung
LVZ Medienhaus | Peterssteinweg 19
04107 Leipzig | www.lvz.de

7 Brockhaus-Denkmal
Großer Brockhaus 1 | 04103 Leipzig

9 Louise Otto Peters-Denkmal
Rosental/ Zentrum Nordwest
04105 Leipzig

12 Alte Nikolaischule mit Gasthaus und Antikenmuseum
Nikolaikirchhof 2 | 04109 Leipzig
www.alte-nikolaischule.de
www.kulturstiftungleipzig.de

14 Neues Augusteum und Paulinum
Universität Leipzig
Augustusplatz 10 | 04109 Leipzig
www.uni-leipzig.de

17 Auerbachs Keller
Mädler Passage | Grimmaische Straße 2-4
04109 Leipzig | Tel. 0341/ 21 61 00
www.auerbachs-keller-leipzig.de

Adressen außerhalb des Rundgangs:

Deutsches Buch- und Schriftmuseum
In der Deutschen Nationalbibliothek Leipzig
Deutscher Platz 1 | 04103 Leipzig
www.dnb.de

Schillerhaus Leipzig
Menckestraße 42 | 04155 Leipzig
www.stadtgeschichtliches-museum-leipzig.de

Titelfoto: falco, Pixabay.com
Innenfotos: Seite 2, 17: Silvia Dorster; Seite 13: Dr. Bernd Groß (CC BY-SA 4.0); Seite 22/23, 90/91: Lithographie Druck und Verlag von Adolph Werl; Seite 30: Gemälde von Jens Juel, 1779; Seite 41, 63: Martin Geisler (CC BY-SA 3.0); Seite 45: A. Savin (WikiCommons, CC BY-SA 3.0 nicht portiert); Seite 49: concord (CC BY-SA 3.0); Seite 53: Fritz Basch, Fotocollectie Algemeen Nederlands Persbureau (ANEFO), Nationaal Archief, 's-Gravenhage, Katalognr. 2.24.01.09, Inventarnr. 2.24.01.09 (CC0); Seite 56/57: Scan aus Gartenlaube 1871; Seite 67, 102/103: Appaloosa (CC BY-SA 3.0 unported); Seite 71: Jörg Blobelt (CC BY-SA 4.0 international); Seite 75: Ausschnitt aus Kupferstich von Rettinghaus; Seite 80/81: Fotograf Hermann Walter, 1890; Seite 86/87: Brück & Sohn Kunstverlag Meißen (CC0); Seite 95: ichwarsnur (CC BY-SA 4.0 international); Seite 99: Ausschnitt aus einem Gemälde von Francesco Narici; Seite 107: Hagen Kunze; Seite 112/113: Lithographie Thiele; Seite 116: Scan aus der Gartenlaube 1862; Seite 123: Kurbjuhn, Bundesarchiv, Bild 183-33005-0001